Lb 871.

OPINION

SUR LA NOBLESSE

ET LA PAIRIE

HÉRÉDITAIRES.

PARIS.

DONDEY-DUPRÉ PÈRE ET FILS, IMPR.-LIBRAIRES,

RUE SAINT-LOUIS, N° 46, AU MARAIS,

ET RUE RICHELIEU, N° 47 *bis*, MAISON DU NOTAIRE;

ANSELIN, Libraire, rue Dauphine, N° 9;

REY ET GRAVIER, Libraires, quai des Augustins, N° 55.

14 août 1831.

AVERTISSEMENT.

L'histoire a toujours été le flambeau des hommes d'état, et c'est
à elle qu'ils doivent recourir lorsque l'attente de grands événemens les oblige à chercher dans l'exemple du passé des règles de
conduite pour l'avenir. Si M. de Polignac, au lieu de méditer
pendant onze mois ses *inqualifiables* ordonnances, eût ouvert le
Moniteur du 1er juillet 1792, p. 760, il y aurait trouvé ce dis-
cours tenu à l'Assemblée Législative, dans la séance du 28 juin.

    « Messieurs,

» Il est tems de garantir la Constitution des atteintes qu'on s'ef-
» force de lui porter, d'assurer la liberté de l'Assemblée, celle du
» Roi, son indépendance, sa dignité. Il est tems de tromper les
» espérances des mauvais citoyens et des factieux de tous les partis,
» qui n'attendent que des étrangers ce qu'ils appellent la tran-
» quillité publique. L'opinion que j'exprime est celle de tous les
» Français qui aiment leur pays, la liberté, le repos, les lois
» qu'ils se sont données, et je ne crains pas d'être désavoué par
» aucun d'eux.

» Détruisez une secte qui envahit la souveraineté, tyrannise
» les citoyens, et dont la conduite ne laisse aucun doute sur l'a-
» trocité de ceux qui la dirigent. Enfin, je vous supplie, Mes-
» sieurs, au nom de tous les honnêtes gens, de prendre des me-
» sures efficaces pour faire respecter toutes les autorités constituées,
» particulièrement la vôtre et celle du Roi, afin de donner aux
» armées l'assurance qu'aucune atteinte ne sera portée à la Cons-
» titution dans l'intérieur, tandis qu'elles verseront leur sang
» pour la défendre contre les ennemis du dehors. »

Ces paroles énergiques furent prononcées par le courageux
Lafayette, peu de jours après que les hostilités eurent été com-
mencées. Appliquées aux circonstances, et reproduites à la tribune
avec l'appui d'une autorité vivante et aussi respectable, au-

raient-elles provoqué une révolution? Non... pas même l'opposition de 221 députés.

Occupé depuis plus de vingt ans à faire une étude approfondie de notre grande révolution, j'ai acquis la conviction qu'on retrouve dans toutes celles qui éclatent aujourd'hui le retour des mêmes événemens et des mêmes théories. Les passions des hommes qui les dirigent n'ayant pas changé, doivent donner des résultats semblables.

Frappé de cette vérité, j'ai pensé qu'au sujet de la pairie et de la noblesse héréditaires, dont les questions sont tout-à-fait connexes, et dont la discussion doit amener le développement de l'art. 23 de la Charte nouvelle, il n'y avait point de meilleure combinaison que celle qui fut inspirée au duc de Bourgogne, par le sage Fénélon, et qui repose sur l'institution d'une *noblesse descendante* basée sur le seul mérite.

Si, à ces autorités *religieuses* et *monarchiques* il est nécessaire d'en ajouter de plus grandes et qui soient dans un rapport direct avec nos mœurs *philosophiques* et *guerrières*, j'évoquerai la mémoire de Necker et celle plus imposante encore de l'empereur Napoléon; tous deux convaincus, par une longue expérience, avaient adopté le système d'une noblesse nouvelle qui, à l'égal de celle conçue par l'auteur du *Télémaque,* ce vrai manuel des princes, était la plus appropriée à la raison et à la saine politique, en ce qu'elle ne blessait point l'égalité des hommes consacrée par la loi naturelle. Ce système est d'autant plus heureux qu'il semble avoir été conçu pour nous aider à résoudre aujourd'hui la grande difficulté de conserver à la pairie tout son éclat, toutes ses prérogatives, sans entacher sa constitution du vice d'une perpétuelle hérédité.

Labaume

Électeur-Éligible.

Paris, le 12 août 1831.

OPINION

SUR LA NOBLESSE

ET LA PAIRIE

HÉRÉDITAIRES.

———

L'inertie dans laquelle on laisse la nation française, est incompatible avec sa force, et surtout avec les nobles sentimens que lui inspire la conviction de sa supériorité ; c'est cette inaction humiliante et pénible qui donne aux factieux le motif de s'agiter et de se soulever, à la faveur du prétexte que leur fournissent les dangers de la patrie. Oui, la France consent à être gouvernée, mais elle veut l'être à des conditions de grandeur et de prospérité, qui, jusqu'à présent, n'ont pas été remplies. Jamais elle ne pourra se soumettre à ceux qui veulent exploiter l'État à leur profit, et qui, insensibles à la gloire nationale, trouvent les formes de l'Empire trop imposantes, et cherchent à les amoindrir, pour les mettre au niveau de cette aristocratie nouvelle, qui, sans avoir les formes distinguées de l'ancienne, en aura toute la vanité ; plus rapprochée du peuple, elle excitera davantage sa haine et sa jalousie, lorsqu'il reconnaîtra qu'elle n'a aucune de ces supériorités de vues, qui, résultant d'une haute éducation, dénotent le génie et caractérisent la grandeur.

La liberté n'est qu'un vain mot, dont on se sert pour troubler l'ordre public ; le mal réside dans l'inquiétude que provoque un esprit plein d'ambition, et qui n'a point de carrière ouverte. La partie agissante de la nation, prodigieusement accrue par la découverte de la vaccine, le manque de colonies, et dix-sept ans de paix, est turbulente par le malaise dont elle est tourmentée. Elle est forcée de s’agiter au sein de sa propre famille, lorsque, vainement, elle demande à user de sa vaillance contre ceux qui l’ont humiliée. De-là naît la discorde, fatale à notre grand empire, et qui sera pour nos ennemis un sujet de triomphe, funeste à notre gloire, à notre prospérité, et peut-être à notre indépendance.

Ministres, qui dormez au bord de l’abîme, si vous ne pouvez nous donner la gloire au dehors, du moins donnez-nous la paix intérieure ; en désarmant l’anarchie, vous n’aurez plus à craindre les armemens étrangers. Établissez l’union en France, en assurant à la nation un avenir qui réponde à ses nobles destinées. Rappelez-vous que sans hiérarchie il y a confusion sociale, et point de monarchie ; lorsque tous peuvent prétendre à tout, une action désordonnée règne dans l’État, parce qu’il n’y a plus de subordination. Si vous donnez à la capacité une faveur illimitée, vous ne pouvez prévoir l’agitation qui se répandra dans toutes les classes, du moment que chacun croira pouvoir se plaindre de l’oubli dans lequel on le laisse, et comme *nul n’est content de sa fortune, ni mécontent de son esprit,* sans cesse il se récriera de l’injure faite à ses moyens.

De-là, nul magistrat ne pourra rendre un arrêt sans être censuré. Aucun fonctionnaire ne sera assez respecté pour faire fléchir la raison qui se croira supérieure à la sienne. Et jamais vous ne trouverez de ministre assez fort, assez puissant, pour résister aux investigations d’un esprit faux et inquiet. L’autorité royale, elle-même, sera analysée par le dernier des citoyens, qui, oubliant toute convenance, comprendra assez peu la dignité du trône, pour oser mettre en parallèle son intelligence avec celle du souverain. Et quoique les *facultés* ne soient que *facultatives,* si vous les considérez comme une propriété *positive,* quel est l’homme, qui, à ce titre, ne se croira un grand propriétaire ? Aussi, peut-on prédire à ceux qui sont dans ce système, que, dans l'impossibilité de satisfaire toutes les ambitions, la révolution nouvelle aura trouvé la solution du grand problème du *mouvement perpétuel.* Il est donc évident qu'à la manière dont les choses humaines sont gouvernées, la capacité n'est pas une garantie suffisante pour assurer le bien de l'État. Les talens portent à la révolte, lorsqu'ils n'ont pas pour guide une haute moralité, et quand les ministres, dans leur insouciance, ne songent pas à leur donner une louable direction.

Pour parer aux inconvéniens d'une ambition illimitée, sans nuire au vrai mérite, il faudrait établir, dans l'administration civile, la même hiérarchie que dans le militaire, et par conséquent adopter pour l'admission aux emplois, l'avancement progressif. Quoique Mirabeau eût pu s'étonner qu'on voulût faire subir au génie une espèce d'épreuve, il approuva la mesure qui devait poser des limites à l'ambition, en établissant, dans l'exercice des fonctions administratives, des gradations salutaires.

Jadis, la naissance était la base de la hiérarchie sociale ; c'était un vice incompatible avec nos mœurs, nos lois et notre intelligence : toutefois, l'intelligence comprend et admet la hiérarchie des talens, des lumières, et de la considération attachée à une haute fortune, lorsqu'elle est dans des mains dignes de la posséder, et qu'elle sert à faire du bien, à consoler l'infortune et à encourager les arts, le commerce et l'industrie. Mais les lumières et les sentimens d'une bienfaisance magnanime ne sont pas toujours héréditaires, la considération qui leur est attachée doit être personnelle, mobile, variable, et s'éteindre à mesure qu'on voit faiblir et disparaître tout-à-fait les titres qui la firent obtenir. La noblesse, sagement distribuée, devient alors un trésor d'honneur inépuisable pour le roi, en ce qu'elle lui permet de récompenser, d'une manière appropriée à la nature de ses services , la portion éclairée de la nation qui mérite d'en être l'élite. Ne croyez point au système de nivellement que les novateurs affectent de demander; fiers et superbes envers leurs inférieurs, ils ne seront plus pour le renversement des sommités sociales lorsqu'ils auront l'espoir d'y arriver.

Les distinctions sont si naturelles et si bien enracinées en France par les vices de l'éducation, qu'il faut avoir une ame forte pour ne pas préférer la noblesse héréditaire à la vertu anoblie. Les philosophes eux-mêmes ont accrédité le préjugé, puisqu'ils ont dit : Un tel *est d'une bonne famille ;* sa *noblesse remonte aux croisades ;* il est du *bois dont on fait les évêques ,* etc. Si les nobles eussent été les seuls à débiter ces sottises, ils n'auraient point enraciné la noblesse dans nos mœurs par toutes ces phrases proverbiales, qui ont si bien vicié les meilleurs jugemens , qu'aujourd'hui elles sont presque indestructibles. Nous avons beau nous moquer des préjugés, et vouloir fouler aux pieds les coutumes des peuples, l'usage en a fait une espèce de charte. Les révolutionnaires, malgré leurs mesures acerbes, ne purent jamais faire disparaître les expressions polies et obséquieuses consacrées par l'usage ; et quant à l'hérédité du nom, ne sait-on pas que les paysans ont encore une tendance à favoriser la primogéniture? Ceux mêmes qui aujourd'hui contestent le principe de la succession naturelle aux vieilles races royales, les revendiquent pour une famille qui n'a régné que quelques jours. Enfin, plusieurs comtes ou barons de l'Empire, sacrifiant des droits acquis à la vanité d'une ancienne origine, ont demandé les titres de *vicomte* ou de *marquis,* pensant que ces titres surannés ajouteraient à l'éclat de leur nouvelle noblesse.

Quoique Lafayette , selon l'expression d'autrefois, soit issu d'une grande maison, il a vaincu les préjugés en méprisant la fortune, et en dédaignant les titres. Ces deux grands sacrifices sont ceux qui coûtent le plus au caractère français; mais, tout en vouant une très-haute estime à ceux qui offrent de si rares et de si beaux exemples, gardons-nous d'affaiblir le sentiment de la vraie noblesse, parce qu'elle est la récompense de l'honneur, et le stimulant des belles ames. Depuis la moderne civilisation, il faut toujours recourir à cette institution, lorsqu'on veut raffermir un État ébranlé à la suite d'une grande crise : sans doute on me rappellera l'exemple du gouvernement des États-Unis comme un modèle à suivre; mais puisque j'ai parlé de Lafayette, et prononcé les mots si séduisans de gouvernement des États-Unis, il me souvient d'un épisode qui n'est point étranger à mon sujet.

Étant un jour dans le cabinet de ce général, où je m'honorerai toujours d'avoir été admis, pour lui entendre raconter les grandes époques de sa vie, qui ont été tant calomniées (1), je contemplais avec le plus vif intérêt les deux principales gravures qui décorent ce véritable sanctuaire. Ce n'était point l'image de Washington, ni celle de Bolivar, de ces deux héros du Nouveau-Monde, qui, quoiqu'élevés dans les camps, comprirent la vraie liberté, comme Las-Casas avait expliqué la religion chrétienne aux peuples de ces mêmes contrées. L'une de ces gravures représentait le congrès des États-Unis, délibérant sur son affranchissement; l'autre était le fameux Serment du Jeu de Paume. Dans la première on voit de flegmatiques députés, qui, dans une attitude noble et tranquille, brisent la couronne du monarque anglais, pour la diviser en autant de provinces que forment les États;

(1) Je dois à M. de Lafayette le précieux avantage d'avoir recueilli sous sa dictée des notes qui jetteront un grand jour sur les faits les plus importans de la révolution française, dont je vais publier l'histoire; je saisis cette occasion de lui en témoigner toute ma gratitude.

dans la seconde est une multitude d'hommes poussés par la colère et la passion ; ils s'agitent avec violence, et prêtent leur serment avec un enthousiasme voisin du délire. Chez les Américains, leur dignité imposante annonce une résolution ferme et immuable; chez les Français, tout est si forcé et si peu naturel, qu'on peut aisément affirmer qu'il faudra apporter de grandes modifications aux fougueuses déterminations qu'ils prennent pour pouvoir les rendre durables.

« Cette différence marquée dans la manière dont les deux » peuples agissent pour une action semblable, dis-je au li- » bérateur de l'Amérique, est précisément ce qui prouve » qu'il doit en exister une bien grande dans leur constitu- » tion, puisque leurs usages, leurs mœurs et leur caractère, » basés sur des lois primitives tout-à-fait opposées, n'ont » entre eux aucune analogie. »

Sommes-nous moins libres que les Américains? Si notre sol a des *ducs* et des *barons*, du moins il n'est pas cultivé par des *esclaves*. Citons avec orgueil ce point fondamental de notre ancienne monarchie, par lequel *tout homme est libre du moment qu'il touche l'heureuse terre de France*!

Puisqu'il n'y a rien de plus favorable à une monarchie constitutionnelle, dans l'intérêt de ses libertés, que de la comparer à une république : je vais raconter, en peu de mots, la manière dont fut sauvée la république de Venise, dans une situation tout-à-fait semblable à celle où notre monarchie se trouve aujourd'hui.

« Durant les premiers siècles où fut fondé le gouverne- » ment démocratique de Venise, la liberté avait des limites » trop étendues ; sous prétexte de la conserver, on attentait » souvent à la tranquillité publique, et quoique le peuple » fût assujéti aux lois du doge, il se croyait en droit de le » renverser, parce qu'il avait celui de le choisir. Il faisait » partie des assemblées générales, et prenait part à toutes les

» délibérations. Ainsi l'ambitieux qui savait manier l'esprit
» de la multitude, caresser ses passions, et captiver sa faveur
» par de fastueuses promesses, était sûr d'obtenir tous les
» suffrages et d'usurper la couronne ducale réservée à un
» mérite éclatant.

   » Le doge Pierre Gradenigo, le plus grand homme d'état
» qu'ait produit une ville si célèbre, par la politique pro-
» fonde de son gouvernement, déplorait les vices d'un sys-
» tème d'élection livré aux émeutes populaires; il profita
» d'une circonstance où le peuple, dans sa turbulence, osait
» attaquer les priviléges du *grand conseil* (1), pour mettre
» la noblesse dans la nécessité, ou de renoncer à ce qu'elle
» avait acquis, ou de l'affermir par un coup d'autorité. Les
» deux partis, chaque jour en présence, grossissant leurs
» prétentions des levains de discorde qu'engendraient les
» haines particulières, rendaient inévitable un grand chan-
» gement dans l'état. Pendant ce tems, le pavillon et les
» ports de la république étaient insultés ; le doge, forcé de
» veiller sur les factions et les désordres intérieurs, se voyait
» dans l'impuissance de repousser les attaques des ennemis.
» Ceux-ci, enhardis par l'impunité et redoublant d'audace,
» faillirent anéantir Venise au moment où elle allait prendre
» son essor.

   » Alors Gradenigo, de concert avec les corps de l'état, ac-
» corda la noblesse à tous ceux qui, à cette époque, occu-
» paient les magistratures. Non-seulement les membres du
» grand conseil; mais encore ceux qui en avaient fait partie
» durant les quatre dernières années, furent perpétués dans
» cette dignité, avec la faculté de la transmettre à leurs hé-
» ritiers par droit de succession. Dès ce jour, la république
» prit une forme nouvelle. Tous les notables de Venise fu-

(1) Le Grand Conseil était la Chambre Haute du gouvernement de Venise.

» rent déclarés nobles, et leurs noms vénérés demeurèrent
» inscrits dans le fameux *livre d'or*, où devait être enregis-
» trée la noblesse vénitienne (1). » De là s'élevèrent des institutions nouvelles, qui, par la force de leur conception, et
l'appui des nombreux citoyens intéressés à les conserver,
permirent à la république de Venise de ne plus craindre les
maux qu'engendre l'anarchie, ni le calme mortel du pouvoir absolu. Plusieurs siècles d'existence prouvèrent la per-
fection de ce modèle de gouvernement, où le peuple et les
nobles étaient à la fois heureux, riches et puissans.

Je ne pense pas qu'on puisse appliquer à la France un
pareil système ; mais j'ai cité cet exemple, afin de prouver
que les idées d'ordre public inclinent toutes vers le principe
aristocratique, et que les états ne peuvent subsister que selon la mesure dans laquelle cet élément s'y trouve combiné.
La grande réforme de Gradenigo démontre, d'une manière
péremptoire, qu'*une république aristocratique* est préférable
à une *monarchie entourée d'institutions populaires* ; car
l'aristocratie se plie aux formes républicaines : mais avec cel-
les-ci, le trône n'est plus qu'un rouage inutile. Du moment
que le pouvoir exécutif confié au malheureux Louis XVI fut
qualifié de *démocratie royale*, le trône, de chute en chute,
se changea en échafaud.

La république de Venise, fondée sur le commerce, accor-
dait tout à la fortune ; en cela elle avait beaucoup de ressem-
blance avec notre monarchie constitutionnelle, qui, favorable
à l'industrie, a pris l'impôt pour base de la représentation
nationale. Avec cent mille ducats, le négociant enrichi était
inscrit au livre d'or ; de-là naissait une émulation favorable
à toutes les facultés. Le Vénitien appliqué à son commerce,

______

(1) *Histoire abrégée de la République de Venise*, par Eug. Labaume,
tome I, page 112.

parcourait les mers, et ne s'occupait point d'affaires politiques, jusqu'à ce qu'il eût qualité pour s'en mêler. De même autrefois nous aspirions tous à payer le cens voulu, soit pour être électeurs, soit pour être députés, et par cette compensation, chacun avec plaisir contribuait aux dépenses publiques.

Un système plus grand, plus sage, plus moral, se présente pour la France, c'est de profiter de la révolution nouvelle pour reconstituer notre noblesse et agrandir la pairie, en lui donnant une illustration et un principe de vie adaptés aux progrès de l'esprit humain, tout en renonçant aux vices de l'hérédité. N'oublions pas que, dans tout gouvernement représentatif, il faut un grand corps politique, dont le sort soit lié à celui de la constitution, et dont l'esprit, se conservant d'âge en âge, nous mette à l'abri des perturbations que cause l'élection, et nous affranchisse de l'humiliante prérogative attachée à la succession naturelle.

Le Français a un esprit essentiellement militaire; il se ressent de sa noble origine, par le respect et l'enthousiasme qu'il voue toujours au chef victorieux; et il est peut-être dans ses mœurs de préférer la gloire à la liberté. Cette assertion s'appuie sur la passion héraldique qui s'empara de nous au retour d'Austerlitz et de Wagram, et sur ces ovations journalières qu'un public, ivre d'indépendance, accorde encore à la mémoire du guerrier dont chaque victoire fut marquée par une atteinte aux libertés publiques. On sait que nos pères choisissaient leurs princes d'après les titres acquis à la confiance des peuples par de grands services, ou de grands exemples de courage (1). Ils applaudissaient aux récompenses que leur roi donnait à ses lieutenans; et de là

(1) Reges ex nobilitate, duces ex virtute. (TACITE, *de Moribus Germanorum*, cap. VII.)

vient la considération jusqu'à présent accordée aux ducs, aux comtes et aux barons.

Quoique le gouvernement féodal soit odieux selon nos mœurs nouvelles, beaucoup de publicistes libéraux sont convenus que ce gouvernement hiérarchique, le plus facile à exercer, serait peut-être le meilleur de tous, si ces ducs, ces comtes et ces barons étaient les meilleurs des hommes. Les priviléges accordés au mérite rentreraient dans le vœu, qu'on exprime aujourd'hui, d'accorder tout à celui qui possède, sans se croire dans l'obligation de conserver le même respect pour un indigne successeur.

La prérogative du vote, accordée à nos électeurs, est une reproduction des anciens Champs de Mai. Aussi je n'hésite point à dire que le gouvernement représentatif est beau et admirable, parce que c'est le gouvernement militaire-féodal de nos aïeux, perfectionné par la suppression de l'hérédité; cette hérédité, si vicieuse, n'a été conférée à la noblesse, que par l'élévation au trône d'une dynastie nouvelle. Lorsque Hugues Capet s'empara de la couronne, il gagna les Leudes en leur accordant l'hérédité des fiefs dont ils n'étaient qu'usufruitiers. Cette usurpation altéra les franchises nationales; les grands devenus propriétaires du sol considérèrent comme esclaves les hommes qui le cultivaient; satisfaits de leur partage, ils négligèrent de se rendre au Champ-de-Mai pour y exercer leurs droits, et le peuple-soldat ne put prétendre à rien, du moment que les domaines firent à perpétuité les barons, les comtes et les ducs (1); il devint serf à l'égal du laboureur qu'il avait vaincu.

Toutefois, ces nobles furent d'un grand secours dans les diverses crises qu'éprouva l'ancienne monarchie, et malgré tout ce qu'on a écrit contre eux, d'après des documens ab-

____

(1) Aug. Thierry, (Lettre IX, sur l'Histoire de France, par) p. 159.

surdes ou dictés par la passion (1), on ne peut disconvenir que le dévouement de la noblesse militaire pour l'État est un tel axiome parmi nous, qu'il a fourni à nos poètes leurs plus belles inspirations; notre histoire même ne vit que de l'illustration qu'elle lui a donnée. Détruisez cette illustration, la France, inerte et matérielle, voit disparaître le prestige poétique, qui la rend grande et terrible aux nations rivales, jalouses de sa prospérité (2).

Il ne faut pas croire que ce dévouement ait été inspiré par la seule conservation des biens et dignités dont les nobles étaient revêtus. Ils prouvèrent, dans plusieurs circonstances, que la vraie grandeur n'était point incompatible avec des sentimens affectueux et populaires. Ce furent les seigneurs les plus riches par l'étendue de leurs domaines, qui, les premiers, imitèrent l'exemple qu'avait donné Louis-le-Gros, en affranchissant les communes. Jamais la noblesse la plus rapprochée du trône, depuis les progrès de la civilisation, ne s'est montrée ennemie du peuple. Autrefois les princes et les grands accordaient aux communes de grandes franchises, et on sait de quelle manière fut *affranchie* Lyon, l'immortelle ville de Lyon, pour avoir voulu, sous la république, réclamer les droits d'une ville libre.

(1) La plupart des vieilles chroniques avec lesquelles ont été rédigées, sous de fausses couleurs, *l'Histoire de la Noblesse* et *l'Histoire Civile de Paris*, appartiennent à des auteurs ecclésiastiques, qui, pour se venger de l'insubordination à l'église des gens d'épée, ont beaucoup calomnié les guerriers du moyen âge. L'écrit le plus violent contre les seigneurs et les nobles est celui de Jacques Vitry, évêque et cardinal légat du pape en France.

(2) Toutes les nations militaires, même les plus barbares, accordent à leurs chefs des distinctions nobiliaires. C'est cette considération accordée au mérite, à la valeur, qui fait leur force et assure leur indépendance. L'immortelle Pologne ne doit son héroïque résistance qu'à la confiance placée dans le patriotisme de sa noblesse.

Combien de fois les nobles, eux-mêmes, n'ont-ils pas arrêté les prétentions despotiques du pouvoir absolu ; combien de fois n'ont-ils pas fait oublier ses faiblesses, et réparé les désastres de nos armées vaincues ? Braves et courageux, ils avaient si peu d'ambition, qu'ils ne songeaient qu'à défendre leur pays. Dans l'origine, ces guerriers étaient en majorité dans les parlemens ; mais trop enclins au métier des armes pour être instruits, ils abandonnèrent aux légistes le conseil de la couronne. De-là, l'empire qu'usurpèrent insensiblement les cours souveraines, au point que la noblesse de robe devint plus puissante que la noblesse d'épée, et que le titre de *duc et pair* ne fut plus au fond qu'un titre honorifique, une distinction frivole. C'est à l'absence de la pairie, absorbée par le parlement, que doivent être attribuées ces luttes violentes et continuelles, de la couronne avec la magistrature, qui finirent par renverser la monarchie. Ce qui démontre que la pairie n'est point un luxe féodal, mais bien l'appui et la vie même de la royauté.

Lorsque les lumières du dix-huitième siècle vinrent prêcher d'indispensables réformes, les nobles instruits furent les premiers à se soumettre au système d'égalité devant la loi. Ce sont eux qui favorisèrent la révolution, non-seulement en partageant les idées philosophiques, mais même en prêtant partout l'appui de leurs bras et de leurs fortunes, pour hâter l'affranchissement des peuples. Demandez au général Lafayette, si ce n'est pas la noblesse française qui, la première, influença l'opinion en faveur de la cause des Américains ? Il vous dira qu'une foule de jeunes seigneurs s'arrachèrent comme lui, aux délices de la cour, pour payer de leur sang la liberté d'un peuple opprimé, et lorsque vainqueurs ils revinrent en France, leur premier soin fut de naturaliser ces semences de liberté. Lors de la convocation des états-généraux, en opposition à la noblesse de province,

qui luttait pour la conservation de ses titres, ils se réunis-
saient au tiers-état : « Je n'ai que 13,000 fr. de rentes, dit
» en cette occasion le descendant de l'illustre Montcalm,
» et j'en donnerai la moitié, pour opérer une réunion si
» désirée, bien persuadé que mes six enfans ne me désa-
» voueront pas. » Ce furent ces cœurs généreux qui, les premiers, firent offrande à la patrie, de leurs pensions, de leurs
armoiries, et de toutes leurs redevances féodales. Enfin,
c'est eux qui mirent tout en œuvre pour hâter l'établisse-
ment d'un système qui devait à tous diminuer leur fortune,
et à plusieurs d'entre eux, leur arracher la vie.

De quelle ingratitude ne serait pas accusée la nation française, si elle se montrait ennemie du corps social, qui, en
donnant un grand lustre à l'État, a le plus contribué à lui
procurer les biens dont elle jouit! Dans la faveur, comme
dans la proscription, la noblesse a toujours conservé l'amour
de la patrie. Et si l'on en excepte la fatale époque de l'émi-
gration, où le sentiment d'un honneur mal entendu plaça
ses devoirs hors du territoire, on trouvera qu'elle se montra
partout éminemment française. Et encore, il faut l'avouer, la
nécessité de s'expatrier lui fut imposée par les révolutionnaires. Ceux-ci profitèrent de la fuite du prince qui se montrait le plus rebelle à l'extension de nos libertés, pour effrayer
les nobles et les forcer à leur abandonner la France, en com-
mettant sur eux des attentats inouis. Depuis lors combien la
terreur, répandue sur nos contrées, n'a-t-elle pas affaibli le
tort qu'avaient eu ces émigrés, puisque bientôt après les fon-
dateurs de notre double révolution furent aussi forcés d'a-
bandonner leur patrie momentanément ingrate. Sans doute
les premiers émigrés eurent le tort de mal accueillir ceux-ci ;
mais à l'époque où la Convention les proscrivait, et qu'à la
manière des cannibales, on conduisait à la mort leurs cama-

rades prisonniers, loin d'user de représailles, ils ne virent que des frères dans les Français qu'ils avaient désarmés.

Lorsque Napoléon consul voulut assurer son empire, il réintégra les émigrés, qu'il appela un jour dans une séance publique l'élite de la nation (1). En s'attachant les familles les plus illustres, il voyait dans cette fusion une harmonie nationale qui devait tourner toute entière au profit de la France. Ceux qu'il affectionna lui furent très-dévoués, et presque tous, jusqu'au dernier moment, le servirent avec une rare fidélité. Nos maréchaux eurent pour aides-de-camp les fils des premières maisons de France ; ces jeunes militaires n'étaient pas les moins brillans à l'heure du combat, ni ceux qui se montrèrent les moins sensibles à notre gloire et à l'illustration du grand nom de Français.

Si en ce moment on se déclare contre la pairie, c'est l'effet d'une irritabilité d'amour-propre qui s'offense de toute espèce de privilége concédé à la naissance. Mais, comme nous l'avons remarqué, le système représentatif, lorsqu'il est bien conçu, ne doit être qu'une hiérarchie fondée à titre de mérite, de capacité, ou de services rendus. Et si, d'après notre loi fondamentale, nous accordons un privilége à celui qui contribue aux charges de l'État pour une somme déterminée, nous devons aussi concéder un privilége bien plus relevé à ceux qui, par leur fortune et une considération justement acquise, se sont élevés au rang de premiers actionnaires de la société.

Je n'émets cette observation que pour apprendre à la classe industrielle qu'elle est dans une erreur préjudiciable à ses intérêts, lorsqu'elle ne veut rien accorder aux hommes

---

(1) Voyez la préface du général Marcillac, dans son ouvrage sur la première guerre d'Espagne.

possesseurs d'une grande fortune, et connus par une illustration ancienne. En voulant les faire rentrer dans le commerce ordinaire de la vie, elle établirait contre elle-même une concurrence funeste. Malgré la doctrine Saint-Simonienne, il faut des oisifs dans le monde, et si chacun s'avisait de produire, où en serions-nous aujourd'hui, où une crise commerciale a été provoquée, parce que la masse des produits dépassait de beaucoup les besoins de la consommation (1). Le luxe et la paresse font la fortune des industriels; les meilleures opérations se font toujours avec ceux qui ne s'en mêlent pas. Si les Larochefoucault, les Choiseul, les Montmorency, les Mortemart faisaient eux-mêmes valoir leurs capitaux; s'ils faisaient de leurs enfans des avocats, des médecins, des notaires, leurs relations, et le prestige attaché à leurs noms, en feraient de redoutables collègues pour tous ceux dont la fortune repose sur l'exercice de ces états.

Les simples citoyens, plus heureux, ont toutes les carrières ouvertes, et par l'effet d'un préjugé qui leur est favorable, basé sur les convenances sociales, ils n'ont point à craindre une concurrence préjudiciable. Rien n'a fait déchoir les pairs dans l'opinion publique comme d'avoir fréquenté la Bourse, et d'avoir pris un intérêt dans la plupart des spéculations industrielles. Plusieurs d'entre eux aussi compromirent leur dignité, en revendiquant pour leurs parens de petits emplois destinés à faire le bonheur des modestes pères de famille qui s'appliquaient toute leur vie à les mériter. Nouvelle preuve que la noblesse en France ne peut plus subsister que pour le seul principe de l'honneur. Conservons cet esprit au lieu de l'éteindre; c'est

______

(1) Cependant, quel cri d'indignation ne s'éleva-t-il pas contre le ministre qui osa dire au figuré : *La France ne produit que trop.*

le foyer de tous les sentimens généreux; d'ailleurs les nobles , destinés à ne vivre que de tribulations , d'eux-mêmes
rentreront dans la classe commune, en voyant qu'ils ne
peuvent jouir ni des priviléges d'autrefois, ni de l'industrie
d'aujourd'hui (1).

Ce sont les fautes et l'inconduite de quelques membres
de la pairie qui font qu'en ce moment on lui conteste la
haute considération qui lui est due ; mais les torts d'un très-
petit nombre ne doivent point retomber sur une institution
si nécessaire au salut de l'état. Il faut au contraire la respecter ; et, dans ce moment de crise, nous attacher à elle, parce
qu'elle est la clef de la voûte sociale, et que sans elle le trône
isolé ne pourra plus se soutenir. Cette institution nouvelle
a pu errer dans ses commencemens ; composée d'élémens
hétérogènes , puisés selon l'esprit de chacune de nos varia-
tions politiques ; n'ayant ni tradition ni loi écrite, pouvait-
elle acquérir cet esprit de corps et d'union qui constitue
la force et la durée des grandes corporations? à la manière
des chartes, elles ne s'établissent qu'avec le tems.

Les anciens sénateurs inspirèrent peu de sympathie à
leurs nouveaux collègues, et les amis du pouvoir absolu, au
lieu d'étouffer leurs préjugés en faveur de la raison d'état,
ne purent s'accorder avec les pairs, qui furent introduits en
masse, pour assurer la conservation du système constitutionnel ; voilà pourquoi la plupart des pairs n'ont point encore pu s'élever jusqu'à la région de leurs hautes destinées.
Fasse que cette ère nouvelle soit pour tous le motif d'une
concorde durable ; que tous les vieux préjugés s'évanouissent
devant les services rendus ; que tous les hommes d'autrefois
se persuadent bien qu'ils ne doivent la conservation de leur

(1) Sans cela la noblesse française deviendrait ce que sont à Venise les
Barnabotti.

existence politique qu'à cette même charte qui naguère était l'objet de leur dédain ; que toutes les vieilles prétentions disparaissent devant les services rendus par les hommes nouveaux : enfin, une fois pour toutes, que les pairs soient bien convaincus qu'ils se doivent tous un mutuel secours. C'est leur inexpérience et leur désunion qui, en les rendant timides, ont fait qu'ils n'ont montré aucune énergie dans la révolution nouvelle.

Si, selon leur institution, les pairs se fussent interposés entre le peuple et Charles X, ils auraient épargné à l'état une grande catastrophe. Au lieu de raffermir leur autorité par cet ascendant que donnent le courage et le talent, ils l'ébranlèrent eux-mêmes en portant le premier coup de hache à leur institution, le jour où ils ne surent faire respecter l'inviolabilité de quatre-vingts de leurs collègues (1). Depuis cette triste époque, la pairie, mutilée et languissante, a donné un accès facile aux attaques de ses ennemis, et aucun de ses actes n'a été empreint du cachet de la grandeur et de la sagesse. Mais, je le répète, cette institution est nécessaire, indispensable ; et puisque, dans ce moment, il s'agit de fixer ses destinées, songeons à les agrandir au lieu de les diminuer, sans nous écarter toutefois des limites assignées par la raison, la sagesse et nos mœurs constitutionnelles.

Pour parvenir à ce grand résultat, il suffirait d'adopter le plan qu'avait conçu le duc de Bourgogne, dauphin de France. « Ce prince, digne élève du sage auteur de *Télé-* » *maque*, éclairé par les vertus de son maître, indépen- » damment d'une foule d'heureuses réformes qui nous au- » raient épargné les horreurs de la révolution, pour étouffer » l'orgueil de la noblesse, et relever sa dignité, se proposait

---

(1) Le caractère de la pairie est tellement indélébile, que les Bourbons, pour le rendre respectable et sacré, furent forcés de réintégrer les pairs qui avaient été éliminés par suite de la révolution des cent-jours.

» d'en établir une nouvelle, fondée sur le vrai mérite, et à
» laquelle on arriverait par des grades intermédiaires, de
» sorte que l'on montât de l'un à l'autre par de belles ac-
» tions, ou par la continuité d'un bon et loyal service. Pour
» éviter l'abus des décorations, et ne pas avilir, en le prodi-
» guant, l'honneur, puissant véhicule des ames bien nées,
» il eût voulu qu'elles ne fussent données qu'à la suite d'une
» enquête, et sur des droits acquis et motivés. Ces décora-
» tions auraient servi de marques visibles pour distinguer
» chaque titre qui eût été à vie et jamais héréditaire : de
» sorte que le fils d'un duc ne serait monté que par des pro-
» motions méritées au rang et aux dignités dont son père
» jouissait (1). »

Necker, quoique accusé de républicanisme, avait la conviction que la noblesse devait être conservée dans un état
constitutionnel et monarchique ; et lorsque l'assemblée nationale en décréta la suppression, il voulut en créer une nouvelle transmissible, non dans une *progression ascendante,*
mais dans une *progression descendante,* et pouvant s'ac-
croître, décroître ou se relever en raison du mérite personnel
des héritiers. La noblesse devenait alors une institution favorable au génie qu'elle eût récompensé, et utile au trône
dont elle aurait été l'appui.

Plein de cette belle idée, qui n'était que la reproduction
du plan qu'avait conçu le duc de Bourgogne, il voulut faire
revenir l'assemblée sur un décret destructif de la monarchie.
Des commissaires furent nommés, avec l'intention de répa-
rer le mal ; mais il n'était plus tems, les journaux révolutionnaires, ravis du système d'un complet nivellement, se
prononcèrent en faveur de l'égalité absolue, et les commis-

(1) *Histoire Civile et Militaire de la Révolution française* (manuscrite) ;
par Eug. Labaume, tome Ier, Introduction, ch. VIII.

saires, intimidés par les clameurs de la populace, laissèrent tomber leurs travaux dans l'oubli, et n'en rendirent aucun compte (1).

Il faut que cette idée d'une noblesse descendante soit juste et naturelle, puisque, après avoir été conçue par le sage Fénélon et approuvée par Necker, elle eut encore l'assentiment de Napoléon, qui, en renouvelant la noblesse, l'avait à peu près instituée sur ces mêmes bases. C'est donc avec l'appui et l'approbation de ces hommes célèbres que j'ose proposer au gouvernement d'établir le même système, en le modifiant ou en l'agrandissant selon les vues d'un comité institué pour en examiner les avantages et les inconvéniens.

Sans vouloir anticiper sur les futures décisions de ce comité, je voudrais que tous les pairs institués jusqu'à ce jour ne conservassent leur rang et leur dignité, que pour deux générations seulement.

Désormais tous les nouveaux pairs, selon leurs titres à la reconnaissance publique, seraient divisés en trois classes, les ducs, les comtes et les barons ; de manière que les fils de ducs hériteraient de la pairie, avec le titre de comtes ; ceux de comtes avec celui de barons ; et les fils de barons rentreraient dans la société, ne conservant de l'illustration de leur père que le titre de *chevalier français,* ayant droit seulement d'assister aux séances de la Chambre des Pairs comme auditeurs, ou bien ils seraient nommés auditeurs au conseil d'état, afin qu'ils pussent développer leurs facultés et avoir ainsi les moyens de faire revivre la considération attachée à leur famille.

Les pairs de deuxième et de troisième classe, à la suite de services éminens, pourraient être élevés par le roi à une

____

(1) *Histoire Civile et Militaire de la Révolution française* (manuscrite), par Eug. Labaume, tome I, liv. x, intitulé *la Fédération.*

classe supérieure : par conséquent, l'illustration d'une famille serait toujours conservée jusqu'à sa dégénération complète.

Si l'on disait que, par cette distinction, les pairs ne seront plus pairs entre eux, on serait dans l'erreur ; 1° une différence subsiste déjà par le classement des pairs selon leurs titres nobiliaires ; 2° une ordonnance royale, qui malheureusement n'a pas été suivie, a établi qu'il y aurait des pairs à vie, et des conditions pour l'hérédité. D'ailleurs, l'art. 23 de la Charte nouvelle, qu'il s'agit d'appliquer aujourd'hui, dit positivement : « La nomination des pairs doit toujours » *appartenir au roi* ; il peut en varier les dignités, les nom- » mer à vie, où les rendre héréditaires selon sa volonté. »

En réorganisant la chambre, on éleverait le nombre des pairs de manière à ce qu'il ne dépassât jamais celui des députés. Deux cents pairs nouveaux, pris parmi les notabilités de la France, seraient nommés par le roi, sur une liste de candidats présentée en nombre triple de celui des pairs à nommer. Ces candidats seraient élus comme les députés, mais avec des conditions nouvelles d'éligibilité, par un collége d'électeurs éligibles réunis de tout un département, qui auraient ainsi leurs représentans dans les deux chambres. Le cinquième du nombre des pairs serait exclusivement au choix du roi, afin qu'il pût récompenser lui-même un mérite éclatant à titre de reconnaissance nationale.

Pour l'hérédité de la pairie, jusqu'au second et premier degré seulement, on n'admettrait que les enfans mâles légitimes et par ordre de primogéniture. Sans aucun titre l'adoption ne pourrait être admise, même pour les neveux et pour les gendres (1).

(1) L'adoption était un des plus graves abus de la pairie ; non-seulement elle introduit le vice de perpétuer de fausses races, mais encore elle excite à l'adultère.

Par ce moyen, la pairie serait renouvelée, et exciterait un mouvement de chaleur et de vie qui tournerait au profit de l'état; toutes les notabilités, ambitieuses d'y arriver, n'aspireraient qu'à mériter l'estime de leurs concitoyens et la confiance du roi. Les places vacantes de pairs seraient données par le monarque, sur une liste, en nombre triple, présentée par la Chambre des Pairs elle-même, et prise sur un certain nombre de candidats, toujours choisis par les électeurs éligibles réunis d'un département. La liste des candidats à la pairie serait formée des grands propriétaires, des généraux, des colonels de légions de garde nationale, des préfets, des maires des bonnes villes. Les premiers magistrats des cours royales seraient également sur cette liste de candidats, pourvu qu'ils pussent constater avoir un revenu suffisant pour faire face à la représentation qu'exige la pairie.

La pairie serait également ouverte à toutes les hautes capacités : les savans, les grands artistes et les hommes de lettres connus par d'importans ouvrages, et dont la réputation serait consacrée par la voix publique, avec la candidature de leurs concitoyens, pourraient être portés sur la liste des candidats à la pairie, et arriver ainsi à cette éminente dignité. Elle serait aussi l'objet d'une louable émulation pour les auteurs de grandes découvertes, pour ceux qui auraient rendu des services éclatans à la société, en donnant un nouvel essor au commerce, aux fabriques, à l'agriculture, enfin, à toutes les branches d'industrie susceptibles d'enrichir la France.

Une dotation *viagère* serait assignée par l'état à ceux des pairs qui n'auraient que leur génie pour fortune, et dans les formes voulues pour le vote de l'impôt. Ces pairs-barons ne pourraient transmettre à leur fils que le titre de chevalier français, avec celui d'auditeur à la chambre des pairs ou au conseil-d'état. Ce titre s'éteindrait si, au terme de six années, l'auditeur n'avait pas déployé des moyens suffisans pour se faire employer.

Une grande illustration et beaucoup de fortune ne font pas le bonheur domestique, aussi les familles les plus favorisées sous ce double rapport sont-elles plus sujettes à s'éteindre que celles qui vivent heureuses au sein de la médiocrité ; les grands noms semblent ne passer que rapidement sur la terre. Nous n'avons plus de Richelieu, de Colbert, de Turenne, de Villars; les Condé sont éteints. Sans remonter à des siècles reculés, ni même à celui de Louis XIV, parlons seulement du dernier siècle, et je demanderai ce que sont devenus les Maurepas, les d'Aiguillon, les Soubise, les Montmorin, les Turgot, les Calonne, les Necker, les Malesherbes, les Custine, les Biron, les Mirabeau, les d'Entraigues, les Gesvres, les Beauveau, les Boufflers, etc., etc. De même dans les arts, dans les lettres, dans les sciences, les Vien, les Fontanes, les Lagrange, sont morts sans postérité ; et Châteaubriand laissera de beaux ouvrages, mais ne laissera point d'enfans. Ah ! combien les noms historiques pèseraient peu sur la France, si les honneurs que nous voulons leur rendre s'arrêtaient à la seconde génération, en ligne directe, et sans l'adoption des neveux !

Par les restrictions apportées à la survivance de la pairie, les dotations, fréquemment privées de titulaires, formeraient un fonds vacant dont le roi pourrait disposer en faveur des notabilités sans fortune, qui annuellement seraient élevées à la pairie. D'après le calcul des probabilités de la durée de la vie humaine, on peut affirmer qu'il y aurait suffisamment de promotions pour encourager ceux qui voudraient arriver à cette dignité, par le moyen des facultés intellectuelles et des vertus civiques. Alors s'établirait la plus belle aristocratie, celle des talens, des lumières, des grands services rendus à l'état ; c'est la seule admissible, et la seule que l'esprit humain veuille aujourd'hui reconnaître, surtout si on la considère comme devant être pour un citoyen le faîte des honneurs, et non le marche-pied de l'ambition (1).

Les adversaires de ce projet y trouveront peut-être des traces d'hérédité, mais ici, du moins, elle est limitée et restreinte à des conditions qui, mettant un terme à sa durée, en détruisent l'abus ; elle ne subsiste qu'avec la vénération accordée à celui qui hérite d'un nom environné d'éloges. Les enfans du général Foy, avant qu'on pût savoir quelle serait leur capacité, n'ont-ils pas été adoptés sans examen, par l'opinion publique ? Et un certain *bon sens* inspiré par l'esprit national nous dit assez que le fils d'un guerrier illustré par ses victoires, ou d'un ministre célèbre par une administration éclairée et bienfaisante, ne doit pas rentrer dans la foule vulgaire, avant d'avoir reçu de ses concitoyens le témoignage d'estime qu'on devait à son père. Dans cette intention généreuse il convient de lui accorder le tems et les moyens de faire revivre le grand nom qu'il importe à la nation de perpétuer dans ses fastes.

S'il n'était vrai que malheureusement les grands hommes n'engendrent pas toujours des fils qui leur ressemblent, il n'y aurait pas de plus beau système que celui de l'hérédité. Mais l'aptitude, le génie ne pouvant se transmettre comme une propriété, il est absurde de leur attacher le même droit ; la nature, en s'y opposant, a voulu nous indiquer qu'elle entend faire du mérite une prérogative purement personnelle. Si elle en eût fait une faculté héréditaire, elle eût enlevé l'espérance d'y parvenir, et privé la société de l'esprit d'émulation qui anime ceux qui veulent arriver par le travail, source la plus pure des talens et des vertus.

(1) Berton, avocat aux Conseils du roi (*des Majorats et de la Pairie héréditaire*, p. 178).

Les faibles restes d'hérédité que nous conservons encore à la pairie, ne lui sont point concédés par ce respect superstitieux que la noblesse inspire aux ames communes; c'est, au contraire, l'effet d'un sentiment populaire qui est dans nos mœurs et dans notre caractère. La Chambre des Pairs, ainsi régénérée, serait appelée à faire aimer et respecter le roi. Mais comment pourra-t-elle accomplir une si haute mission, si vous lui ôtez le grand éclat qu'elle doit faire rejaillir sur la couronne ? C'est elle qui, de concert avec la Chambre des Députés, doit chercher à fondre toutes les opinions, à réunir tous les partis, afin que tout se réunisse et se converge autour du disque de la royauté. Sans cette parfaite harmonie, le trône ne pourra jamais résister aux nombreux ennemis dont il est entouré.

Le meilleur moyen pour consolider la monarchie représentative est de reconstituer promptement la chambre haute, et de la fortifier par l'introduction des notabilités nouvelles; cet appui devient indispensable pour rendre à l'élément aristocratique sa force et son indépendance. Placez dans cette chambre les hommes que la nation estime, et vous la rendrez nationale; alors ses membres seront honorés et respectés, et, pénétrés de leur dignité, ils sentiront l'inconvénient de mettre tout en viager.

Plus vous prolongerez la durée transmissible de leur haute fonction, plus vous imposerez à ceux qui la possèdent le devoir de se mettre en garde contre les séductions du pouvoir et les charmes décevans d'une fougueuse popularité. Si la pairie meurt avec ceux qui la possèdent, ceux-ci n'auront aucun intérêt à la conserver pure, et le jour où peu de voix suffiraient pour faire passer une loi anti-nationale, on verrait le pouvoir circonvenir les vieillards placés au bord de la tombe, et profitant de la faiblesse paternelle, les engager à aliéner une dignité prête à leur échapper pour la transmet-

tre à leurs enfans en espèces palpables (1) : alors votre sénat sera tout-à-fait avili ; si au contraire vous permettez aux
pairs de léguer leur dignité, ou du moins s'ils ont l'espérance
qu'on tiendra compte à leur fils d'une réputation sans tache,
ce sera un trésor d'honneur qu'ils seront jaloux de conserver
dans toute son intégrité.

Reportons nos souvenirs vers le sénat de Napoléon ; s'il
eût été héréditaire, il n'aurait pas abandonné sa fortune avec
autant de facilité, mais les sénateurs se trouvèrent dans la
position des Leudes à l'avènement de Hugues-Capet. N'ayant
que des fiefs à vie, ils reconnurent le nouveau roi, dès qu'il
leur en eut assuré l'hérédité. Les fiefs devenus héréditaires,
à l'instar de la couronne, les nobles n'eurent plus intérêt à
favoriser des usurpations nouvelles. C'est ce qui explique
pourquoi la durée de la troisième dynastie est de trois siècles plus longue que celle des deux autres. Si à votre royauté
vous ne donnez pour appui qu'un sénat à vie, ce sénat, à
l'instar de celui de l'empire, sera infidèle à vos institutions
et se prêtera volontiers au retour de l'ancienne dynastie,
par la certitude de recouvrer avec elle l'hérédité que vous
lui aurez ravie.

Les vices de l'hérédité sont aujourd'hui tempérés par nos
mœurs et les progrès de notre éducation morale et politique.
Les enfans des hommes élevés en dignité ne peuvent plus,
comme autrefois, se livrer à des excès qui leur attireraient la
réprobation publique, et les traits d'inconduite ne sont plus
pour eux des preuves de noblesse. Assujettis en tout au
droit commun, ils sont encore esclaves des convenances,
et privés des douceurs de la vie plébéienne, s'ils veulent
conserver la considération dont ils jouissent. Des mœurs
pures, un bon emploi de leurs richesses, une dignité af-

____

(1) C'est donc pour cela qu'on doit mettre sur la voie de la fortune les
enfans des pairs à vie.

fectueuse, et des manières bienveillantes envers leurs inférieurs, sont aujourd'hui des conditions tellement exigées, qu'elles deviennent pour les grands une espèce de servitude morale, en retour des égards que la société leur accorde.

La question de l'hérédité de la pairie pourrait être résolue par celle-ci : *Les fils de pairs de France se sont-ils prévalus de la prérogative attachée à leur naissance pour oublier les devoirs de leur future dignité ?* Or, nous savons tous que le fils du duc de Tarente est élevé comme s'il ne devait pas compter sur l'illustration de son père. L'aîné des Montébello a parcouru la vieille Europe et le Nouveau-Monde, avant de prendre à la chambre héréditaire la place qui, sur un champ de bataille, lui avait été léguée. M. de Montalivet, comme stagiaire, fut très-assidu à nos débats parlementaires. Gustave Pontécoulant, quoiqu'il eût la pairie en spectative, négligea-t-il les sciences et les vraies connaissances en politique? C'est comme élève de l'école polytechnique, que le marquis de Dalmatie a commencé sa carrière militaire. Le jeune d'Albuféra, guidé par sa mère, ne s'est point reposé sur la gloire attachée à son nom, pour occuper un jour dignement la pairie; et son beau-frère Maurice Mathieu, qui traversait les mers pour aller gagner ses grades en Morée, à Alger, comptait-il sur l'hérédité? Pas plus que les fils des ducs de Fitz-James et de Crussol, qui, à peine sortis de nos écoles, allèrent dans des contrées lointaines, gagner sur les champs de bataille des récompenses militaires. L'un, pour mériter la croix d'honneur, en Bessarabie, arracha un drapeau aux féroces musulmans. L'autre, dirigé par M. de Mortemart, dessinait, sous le feu des batteries turques, les fortifications de Schoumla, et entouré des hordes de Spahis, traçait les reconnaissances militaires qui, pour la première fois, ouvrirent les routes du Balkan.

Nos pères, après avoir détruit la royauté par une catastrophe sanglante, n'avaient pas encore achevé leurs trois années de république, qu'ils sentirent la nécessité de reconstituer le pouvoir exécutif; car le *Directoire* était un retour à la royauté. De même, le pouvoir législatif se divisa en deux assemblées; mais, dans cette division, il eut la sagesse d'établir une différence entre elles. N'osant pas encore reconnaître les prérogatives de la fortune et de l'illustration, il admit du moins les garanties que donne l'âge mûr, et institua le conseil des Anciens; les membres de ce conseil avaient plus de quarante ans, et par la maturité de leur jugement, ils pouvaient être considérés comme les véritables organes de la sagesse. Mais dans l'institution du nouveau sénat qu'on nous propose d'élire, quels sont les avantages moraux, les supériorités intellectuelles qui distingueront ses membres des députés actuels ? Les sénateurs seront inférieurs aux députés, en ce qu'ils n'auront pour eux rien de cette faveur publique, dont la première chambre se trouvera en possession. Leur inamovibilité, au lieu de les faire respecter, sera un sujet de jalousie pour les députés qui, ayant été les premiers élus par les mêmes électeurs et aux mêmes conditions, seront censés avoir une capacité supérieure à celle des sénateurs qui, par rang d'élection, seront venus après eux.

Pourquoi s'effaroucher de la pairie, lorsque nous savons que tous ses membres paient l'impôt comme nous, et sont soumis aux mêmes lois ? Elle n'est plus, comme autrefois, une institution féodale, placée sous la dépendance du trône; on ne la voit plus décider exclusivement sur les édits, les ordonnances, les manifestes, la paix ou la guerre, et tous les actes, enfin, qui portaient l'empreinte d'une autorité collective, obéissant à une autorité suprême. C'est simplement un corps appelé à représenter l'intérêt aristocratique, tout comme la Chambre des Députés est destinée à représenter l'intérêt démocratique. L'éminence de sa dignité lui fait sentir l'importance de veiller à ce que la loi fondamentale du royaume ne soit jamais violée par l'incapacité ou l'ambition du monarque. La pairie s'habitue ainsi à faire respecter les droits du peuple, parce qu'elle sait que l'injustice, à la fin, produit l'indépendance, et qu'elle pourrait être entraînée dans la catastrophe qui s'en suit.

La pairie par sa majesté est donc un élément indispensable à notre gouvernement représentatif : appelée à représenter la grande propriété et les hautes facultés de l'esprit humain, elle est encore destinée à fondre et lier les deux grands intérêts sociaux, qui sont toujours en guerre, et dont l'heureuse pondération peut seule assurer le repos de l'état. Le roi veille au maintien de cet équilibre ; également intéressé à protéger deux élémens contraires, sa sagesse tient la balance avec équité, et il interpose son poids dans l'un des bassins qui faiblit ; c'est par cette belle théorie qu'on parvient dans les états civilisés à entretenir la paix, et à faire respecter les lois.

Si la pairie consent à être viagère, elle ratifiera sa déchéance. Que de graves conséquences résulteront de cette détermination pusillanime ! Tout le principe organique de notre gouvernement se trouvera renversé et détruit ; ajoutez à cela qu'on ne pourra plus conserver l'article constitutif qui consacre l'hérédité de l'ancienne et de la nouvelle noblesse. Alors s'éteindront les souvenirs vivans de Valmy, de Rivoli, de Wagram et de Moskwa ; que signifieraient ces noms glorieux, si on en retranchait le titre honorifique qui se rattache au commandement du guerrier vainqueur qui nous procura ces victoires ? Mais si on adopte l'hérédité limitée de la pairie, avec la faculté donnée au roi de la prolonger pour une ou deux générations, on établira *une noblesse descen-*

dante telle que nous l'avons indiquée, avec la faculté d'être restaurée et prolongée, si, par des services constatés, les nobles parviennent à mériter pour une ou deux générations la continuation de leur titre. A toutes ces considérations il faut ajouter le produit que retirerait le fisc par *l'impôt volontaire* du renouvellement des lettres de noblesse. La vanité nous choquera beaucoup moins lorsqu'elle n'exploitera plus un privilége sous la forme d'un bien de *main-morte.*

Si les pairs sont privés même de l'hérédité limitée, la plupart d'entre eux, ne voulant plus d'une dignité déchue, donneront leur démission, et le roi, forcé de refaire lui-même la chambre, la formera obéissante et soumise. Si c'est le peuple qui nomme les pairs, les deux chambres seront également électives: mais l'une étant qualifiée d'aristocratique, n'aura pour elle que l'animadversion publique; l'autre au contraire, fière de sa popularité, deviendra par le fait la chambre haute, et de cette perturbation naîtra nécessairement une nouvelle convention. La chambre haute peut s'élever en défendant les intérêts populaires, mais si la Chambre des Communes empiète sur ses droits, celle-ci amène l'anarchie (1).

Ainsi une pairie indépendante et respectée assure le pouvoir légal et établit la fusion salutaire des principes aristocratiques et démocratiques. Si on nie le besoin absolu de cette puissance, qui donnera de la stabilité à nos institutions? La Charte nouvelle croulera sur le fondement de l'ancienne; avec elles, seront entraînées les places inamovibles, et les concessions, brevets ou priviléges accordés à l'industrie. Après l'abolition des droits politiques, on demandera l'extinction des droits naturels, et l'héritage du père de famille sera un jour disputé à ses enfans. Dans un pareil bouleversement, que deviendra le trône héréditaire? que deviendra la France?

(1) Session de 1815.

La pairie est destinée à défendre de l'instabilité des choses humaines, non-seulement notre loi fondamentale, et celle des départemens qui doit corroborer la force de l'état, mais encore à protéger nos droits, nos intérêts privés, et surtout le principe de l'élection lui-même, contre ses propres écarts ou les atteintes qui lui seraient portées (1). Enfin, qui plus que la pairie est appelé par sa position à réprimer la licence du peuple et à conjurer le despotisme des rois? C'est un *terme moyen* dont le produit compense celui des *deux extrêmes*.

Il y a dans ce moment une telle défaveur contre tous les systèmes modérés, qu'il est à craindre qu'on ne classe le mien parmi les conceptions de ces hommes timides qui transigent toujours dans les circonstances difficiles. A la vérité, je suis l'ami de la modération, et personne, plus que moi, ne respecte et ne cherche à pratiquer ces vieux adages de la sagesse, qui placent la vertu dans un *juste milieu*. Mais je n'approuverai jamais qu'on pose d'étroites limites à la fortune de mon pays. Mon milieu à moi ne renferme que la *tête* et le *cœur*, et ne descend pas jusqu'au *ventre*. Oh! combien je regrette qu'une politique timide méconnaisse ce que vaut la puissance française, pour maintenir un fatal équilibre, qui ne peut subsister qu'au détriment de la France (2)! elle qui dans sa régénération semblait être appelée à donner des rois à tous les trônes, n'a point encore lavé l'affront d'une capitulation qui, sous le nom de traité, dégrada nos monumens, et nous enleva par ruse notre or, nos places et nos musées.

Mais lors-même que vous aboliriez l'hérédité de la pairie, croyez-vous que le parti ennemi de nos institutions se bornerait à cette concession? Vous ne contenterez pas plus son

____

(1) *Revue Judiciaire*, p. 193.

(2) Le prétendu système d'équilibre européen n'est imaginé que pour assurer la domination de l'Angleterre; ne pouvant matériellement prendre part

exigence, que vous ne l'avez satisfaite en démolissant la charte de Louis XVIII, qui naguère était l'unique objet de ses vœux hypocrites, et *qui servit de palladium jusqu'au moment de la victoire*. Cependant la seconde restauration signala son retour par ces mots pleins d'équité : *Aucun article de la charte ne sera révisé* (1).

Où en seriez-vous à présent, si, cédant à l'exigence des révolutionnaires, vous eussiez consenti à la suppression de l'inamovibilité des juges ? Ces éternels ennemis de la société se sont-ils rangés sous les bannières de l'ordre public, depuis que vous avez supprimé le double vote, réduit le cens et l'âge de l'électeur et de l'éligible ? Lisez les premiers volumes de Prudhomme (2), et vous vous convaincrez que vous ne satisferiez pas davantage les factieux, lors même que vous réduiriez les conditions de l'électeur au prix de trois journées de travail et à la valeur du marc d'argent pour le député. Le privilége des pairs à vie sera également en butte à leurs traits envenimés, comme l'est à présent le privilége des électeurs à 200 fr. Leur but réel est de faire de la chambre des pairs un *conseil des anciens*, ou plutôt, d'arriver à une assemblée unique, qui placerait le pouvoir exécutif entre les mains de ces farouches comités de 1793, dont les proscriptions firent oublier celles de Marius et de Sylla.

S'il était permis de remettre en discussion les points fondamentaux de notre constitution, alors la pairie ne ferait plus seulement, comme autrefois, partie d'un pouvoir législatif, mais bien d'un pouvoir constituant ; or, pour la formation de ce pouvoir, les deux intérêts sociaux, conser-

---

aux affaires du continent, elle profite d'un principe au moyen duquel sa machiavélique diplomatie efface devant elle toutes les autres puissances.

(1) Ordonnance du 5 septembre.
(2) *Révolutions de Paris.*

vés par notre Charte, doivent être également représentés.
La loi ne peut donc passer sans le concours des deux Chambres; mais, dira-t-on, si les pairs veulent défendre leur hérédité, les Chambres seront formellement divisées sur la plus importante question qui ait été jamais discutée, et nul moyen de la résoudre d'une manière légale! Dans ce conflit, la voix publique accusera les patriciens d'abuser de leurs priviléges; cet absolutisme excitera la haine contre le corps entier, qui, opposant une barrière à l'accomplissement du vœu national, s'exposera aux inconvéniens de la fureur populaire : cette haute considération doit décider nos hommes d'état à accepter la *pairie limitée*, à défaut de la *pairie héréditaire*.

Heureusement la révolution nouvelle n'a point fait table-rase, comme le croient communément certains ignorans perturbateurs. Cette Charte, qu'on appelait l'arche-sainte, a subi de graves altérations; mais elle a conservé son principe de vie, en établissant que la puissance législative s'exerce collectivement par le roi, la Chambre des Pairs et celle des Députés. Or, toute loi qui n'émanerait pas du concours des trois pouvoirs n'aurait pas le caractère sacré de la loi; et celui d'entre eux qui voudrait seul la faire, serait un pouvoir tyrannique, destructeur de nos libertés, et auquel on pourrait dire : *non ibis ampliùs*, parce qu'alors l'usurpation aurait levé le masque, et qu'un peuple jaloux de ses droits et de ses libertés se souviendrait que, dans ce cas, l'insurrection est le plus saint des devoirs. Il dirait aux députés : Votre mission est purement législative; vous n'êtes point appelés à refaire la constitution; les conditions imposées par certains colléges sont nulles, vu que les électeurs ne subsistent que par la constitution à laquelle ils ont prêté serment. S'il s'agit d'en faire une autre, il faut alors recourir à la nation entière, légalement convoquée : quelques milliers d'électeurs ne peuvent représenter la grande nation française. Les mandats de 89 étaient impératifs, parce que trois millions de votans formaient la libre expression de la volonté générale, consentie par le roi, et conformes à nos anciennes coutumes, malheureusement trop décriées, et qui au fond, dans bien des points, étaient empreintes d'un vrai libéralisme. Charles X a succombé pour avoir voulu seul faire la loi ; eh bien ! celle des Chambres qui voudrait comme lui briser notre unique planche de salut, dans un si grand naufrage, s'exposerait aussi à l'animadversion d'un peuple puissant, dont tous les droits sont consacrés dans une Charte nouvelle, reconnue par les trois pouvoirs formant une espèce de trinité politique qui doit être la fidèle interprète de son intellectuelle souveraineté.

Il convient donc de prévenir toute collision entre les deux Chambres. Si malheureusement elle régnait, l'état se trouverait gravement compromis ; car alors il y aurait insurrection, ou bien il faudrait en appeler à une assemblée générale de la nation : évitons de nous placer dans ces deux cruelles alternatives.

C'est parce que le trône est débonnaire que nous voulons des institutions fortes et monarchiques ; alors que le trône était trop monarchique, nous réclamions avec justice des institutions généreuses : c'est pour n'avoir pas répandu le principe aristocratique dans la classe la plus utile, que l'opposition des 221 députés renversa l'absolutisme. Si la théocratie n'eût disputé le pouvoir à l'aristocratie des électeurs, ces électeurs auraient toujours nommé des députés qui auraient été d'accord avec le ministère ; et aujourd'hui, c'est parce que le principe populaire a tout envahi, qu'il faut se hâter de fortifier le trône. Effrayés de sa faiblesse, nous faisons abnégation d'une portion de nos droits pour les confier à l'institution dont nous attendons protection et secours, ce qui prouve que, lorsqu'un peuple est trop soupçonneux envers l'autorité royale, il ne tarde pas à expier sa méfiance par l'abandon volontaire d'une portion de ces mêmes droits dont il s'est montré trop avare, et il est forcé de céder à une autorité tutélaire ce trésor de liberté dont il ne sait jamais user.

Lorsqu'on ne peut défendre un principe, il faut du moins en sauver les conséquences. Supprimons l'hérédité perpétuelle des pairs, mais votons la perpétuité de la pairie. Et pourquoi aurait-on de la répugnance pour cette institution, lorsqu'on voit que, malgré une enfance orageuse, elle nous a été d'un si grand secours? Ses fautes n'ont été que le résultat de circonstances accidentelles, mais ses avantages tiennent à sa nature, et se réaliseront avec le tems. Admirable constitution de la pairie! Il y a dans son existence un mystère dé conception, que la volonté créatrice du roi est forcée de respecter; car, s'il abuse de sa prérogative, il voit diminuer l'influence de son pouvoir et la force du principe de l'hérédité.

Au reste, quels que soient les résultats de nos débats parlementaires sur une question aussi grave, l'esprit de justice doit nous faire convenir que les vrais amis de la liberté ne doivent avoir que de la sympathie pour la plupart des noms illustres qui, en ce moment, sont placés en tête de la pairie. Ne parlons pas des titres de leurs aïeux, puisque leur gloire est périmée, et que nous devons tout rapporter au mérite des titulaires. Eh bien! ces mêmes pairs, auxquels nous voulons tout-à-coup ravir l'éclat de leur brillant héritage, n'ont-ils pas eux-mêmes, dans des circonstances récentes, donné des preuves de courage et de vrai patriotisme?

En 1815, lorsque la chambre élective provoquait le retour du pouvoir absolu, n'est-ce pas la chambre haute qui a mis un frein aux passions déchaînées et qui a fait triompher les lois? Fidèle conservatrice de nos plus belles institutions, elle repoussait la féodalité, tandis que les délégués de la nation semblaient la réclamer sous le voile apparent de l'intérêt public. Le système constitutionnel eût été perdu à jamais, si la pairie, par une admirable abnégation d'elle-même, n'eût consenti, par esprit de patriotisme, à prendre la place de la chambre des communes, vis-à-vis une assemblée qui usurpait le rôle de la chambre haute.

Oui, les pairs sauvèrent le gouvernement constitutionnel pour qui nous avons combattu ; s'ils lui furent fidèles dans l'adversité, pourront-ils l'abandonner quand tout annonce qu'il sortira de cette crise encore plus brillant et plus pur? Souvenons-nous de ces jours de tristesse, où des lois repoussées par nos mœurs furent adoptées par la chambre élective ; elles vinrent toutes échouer au sein de cette chambre que vous appelez privilégiée, et qui, en cette occasion, n'usa des priviléges que donnent les talens, les vertus et la considération, que pour nous conserver la faculté d'émettre nos pensées, précieuse liberté qui nous assure toutes les autres, et qui, en ce moment, fait la force des vainqueurs et la consolation des vaincus. Enfin, tout Paris, éclairé par des feux de joie, n'a-t-il pas retenti des cris de *vive la Chambre des Pairs!* lorsque ses membres les plus illustres rendirent la joie et l'espérance aux familles désolées, en s'opposant au droit d'aînesse et au remboursement des rentes ?

Paris —Imprimerie de Dondey-Dupré, rue St.-Louis, N° 46, au Marais.

149